Dieses Buch gehört:

....

Sonja Meierjürgen

Wie lebt die Honigbiene?

TeSSLOFF

Hallo!
Ich bin Bibi, die Honigbiene.
Meine Schwestern und ich
leben zusammen in einem Bienenstock.
Ich kann dir viel darüber erzählen.
Komm doch mit in meine Welt!

Hast du beim Lesen
gut aufgepasst?
Dann ran ans Lesequiz!

Mach mit beim
Buchstabenrätsel!
Im Buch zeige ich dir
fünf Buchstaben.
Setze sie zusammen.
Wie heißt das Wort?
Die Lösung findest du
auf Seite 47.

Inhalt

Von Blüte zu Blüte

Endlich ist es Frühling!
Die Sonne scheint warm
vom Himmel.

Die ersten Blumen blühen
auf den Wiesen und im Garten.
Auch an Bäumen und Sträuchern
sprießen die ersten
zarten Blätter und Blüten.

Der Kirschbaum blüht.
Schon sind die Bienen
im Anflug!

Summen und brummen

Jetzt erwachen die Bienen
aus ihrer Winterruhe.
Sofort fliegen sie los
und suchen nach Nahrung.

Emsig summen sie
von Blüte zu Blüte.
Mit ihrem Rüssel saugen sie
den süßen Nektar
aus den Blütenkelchen.

Die Honigbiene
saugt süßen Nektar
aus der lila Blüte.

Eine bunte Blumenwiese.
Hier finden die Bienen
genug zu fressen.

Komm doch her!

Bienen lieben bunte Blüten.
Sie werden von ihrem Duft
und den leuchtenden Farben
angelockt.

Viele Pflanzen brauchen
die nützlichen Bienen.
Denn nur mit ihrer Hilfe
können sie sich vermehren.

Nektar und Pollen

Wenn die Biene Nektar sammelt,
krabbelt sie tief
in die Blüte hinein.
Dabei bleiben Blütenpollen
an den Beinchen
und in ihrem Pelz kleben.

Nun trägt die Biene die Pollen
weiter zur nächsten Blüte.
So wird die Blüte bestäubt.

An den Hinterbeinen
sammeln sich
die Blütenpollen.

Leckere Früchte

Wenn die Blüten bestäubt sind,
entstehen daraus Früchte.
Dann wachsen leckere Äpfel
oder Kirschen an den Obstbäumen.
Die reifen Kastanien fallen
im Herbst auf den Boden.

In den Früchten der Pflanzen
liegen die Samen.
Daraus können im Frühling
wieder neue Pflanzen wachsen.

Endlich sind
die Äpfel reif!

Mein Lesequiz !?

1 **Was saugen die Bienen aus den Blüten?**

    a) Honig

    b) Blütenstaub

    c) Nektar

Antwort c) ist richtig.

2 **Was lockt die Bienen an die Blüten?**

    a) Der Duft und die Farbe.

    b) Das Rascheln der Blätter.

    c) Das Summen der anderen Bienen.

Antwort a) ist richtig.

Die Honigbiene

Die Honigbiene
gehört zu den Insekten.

Sie hat zarte Flügel
aus Haut.

An den Hinterbeinen
hat sie Pollenhöschen.
Hier sammelt sich
der Blütenstaub.

Nur die Weibchen
haben einen Stachel.

Ein Panzer schützt
ihren Körper.

Die Biene ist braun
und gelb gestreift.
Sie hat einen Pelz.

Sie hat Facettenaugen.
Die bestehen aus Tausenden
von einzelnen Augen.

Mit ihren Fühlern
kann sie tasten und riechen.

Mit dem Rüssel kann sie
Nektar saugen.

Wie alle Insekten
hat sie sechs Beine.

Das Bienenvolk

In einem Bienenvolk
leben viele Tausend Bienen
zusammen.
Gemeinsam wohnen sie
in einem Bienenstock.
Damit hier alles gut klappt,
müssen alle Bienen mithelfen.

Im Bienenvolk
ist immer
richtig viel los.

Die Königin

Jedes Bienenvolk hat eine Königin.
Sie ist die einzige Biene,
die Eier legt.

Aus den Eiern schlüpfen später
die jungen Bienen.
So sorgt die Königin dafür,
dass ihr Volk überlebt
und immer weiterwächst.

Königin

Erkennst du die Königin?
Sie ist viel größer
als die anderen Bienen.

Die Bienenkönigin
legt ein Ei
nach dem anderen.

Eier legen

Eier zu legen,
ist die einzige Aufgabe
der Bienenkönigin.
Ihr ganzes Leben lang
tut sie nichts anderes.

Jeden Tag legt die Königin
etwa 2 000 Eier.
Unvorstellbar, oder?

So viel Arbeit!

Die meisten Bienen
sind Arbeiterinnen.
Von früh bis spät
sind sie beschäftigt.

Sie bauen, putzen und
bewachen den Bienenstock.
Sie kümmern sich
um die Königin
und pflegen
den Nachwuchs.

Und natürlich sammeln sie
Nektar und Pollen für ihr Volk.

Bauen

Nachwuchs pflegen

Hochzeit mit Drohnen

Im Bienenvolk gibt es
auch männliche Bienen.
Sie heißen Drohnen.

Im Frühling gehen die Drohnen
mit der Königin auf Hochzeitsflug.
Sie paaren sich mit ihr
und sorgen so für Nachwuchs.
Sofort nach der Paarung
sterben die Drohnen.

Drohnen sind
größer und kräftiger
als Arbeitsbienen.

Mein Lesequiz

1 **Wo leben die Honigbienen?**

a) Im Bienenschloss.

b) Im Bienenstock.

c) Im Bienenhotel.

Antwort b) ist richtig.

2 **Die Königin legt 2 000 Eier …**

a) am Tag.

b) in der Woche.

c) im Jahr.

Antwort a) ist richtig.

Fleißige Bienen

Im Bienenstock gibt es
immer sehr viel Arbeit.
Alle Aufgaben erledigen
die Arbeiterinnen.
Jede Biene weiß genau,
was sie zu tun hat.

Die Arbeitsbienen
sind den ganzen Tag
beschäftigt.

Die Kammern der Waben sind sechseckig. So passen sie wie ein Puzzle zusammen.

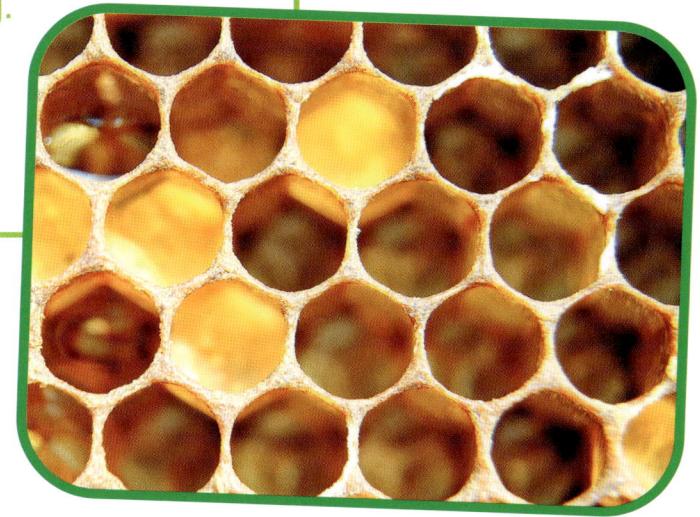

Tolle Baumeister

Fleißig bauen die Bienen
an ihrem Nest.
Dazu benutzen sie Wachs,
das sie selbst herstellen können.
Es kommt aus Drüsen
an ihrem Bauch.

Aus dem Wachs bauen
die Bienen ihre Waben.
Sie bestehen aus
vielen kleinen Kammern.

Nachwuchs für die Bienen

In einigen Wabenzellen
wachsen neue Bienen heran.
Dazu legt die Königin
in jede Wabenzelle ein Ei.

Nach drei Tagen
entwickelt sich daraus
eine kleine Larve.
Sie wird von den Arbeitsbienen
gefüttert und gepflegt.

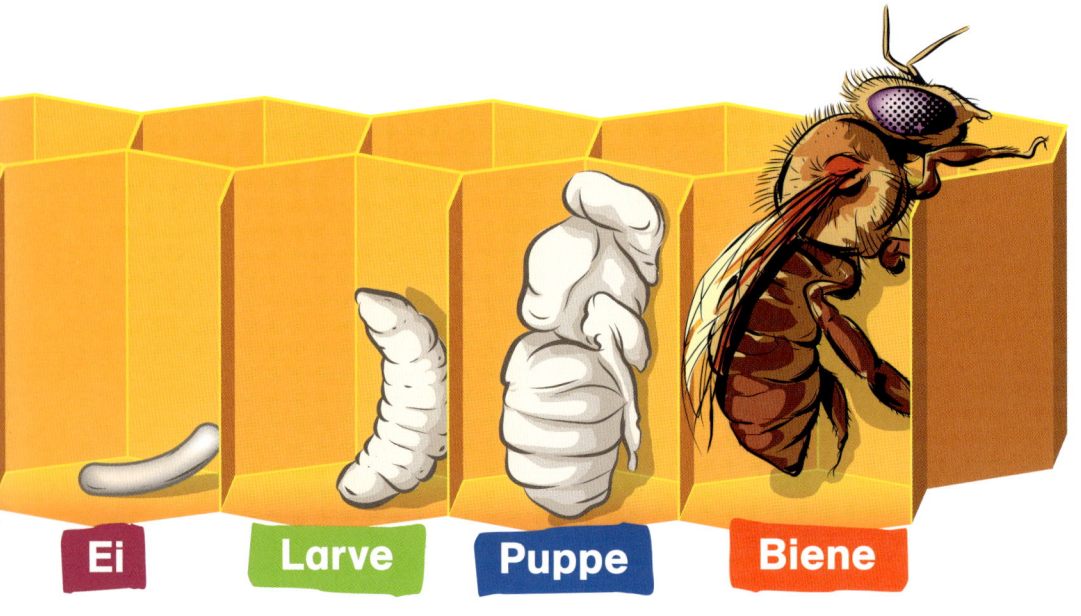

Ei   Larve   Puppe   Biene

Die Biene schlüpft

Am zehnten Tag verschließen
die Arbeiterinnen
die Zelle mit Wachs.

Jetzt verpuppt sich
die Larve.

Nach 21 Tagen
schlüpft die neue Biene.

Larve

Die Biene schlüpft.

Die fleißigen Sammlerinnen kehren zum Bienenstock zurück.

Vorrat für den Winter

Die Bienen brauchen die Waben
auch noch für etwas anderes.
Sie lagern dort Honig ein –
als Vorrat für den Winter.

Im Frühling und Sommer
saugen fleißige Sammlerinnen
Nektar aus den Blüten.

Sie sammeln ihn
in ihrer Honigblase.
Dann fliegen sie zurück
in den Bienenstock.

Aus Nektar wird Honig

Eine Stockbiene übernimmt
den Nektar von der Sammlerin.
Dann gibt sie ihn weiter
an die nächste Biene.
Nach und nach entsteht dabei
leckerer Honig.

Dann kommt der Honig
in die Wabenzellen.
Die Bienen verschließen
die Zellen mit Wachs.

In dieser Wabe
ist leckerer Honig.

Tanz mit mir!

Eine Sammlerin ist
in den Stock zurückgekehrt.
Aufgeregt krabbelt sie hin und her.
Dabei wackelt sie mit ihrem Hinterleib.

Die Biene tanzt einen Schwänzeltanz.
So erzählt sie ihren Schwestern,
dass sie eine besonders gute
Futterstelle entdeckt hat.

Die anderen Bienen
beobachten die Tänzerin.
Dann tanzen sie den Tanz nach.
Nun wissen sie genau,
wo sie hinfliegen müssen.

Die Bienen tanzen
den Schwänzeltanz.

Mein Lesequiz

1 **Wer hat die meisten Aufgaben im Bienenvolk?**

    a) Die Königin.

    b) Die Drohnen.

    c) Die Arbeitsbienen.

Antwort c) ist richtig.

2 **Nach wie vielen Tagen schlüpft eine Arbeitsbiene?**

    a) Nach 12 Tagen.

    b) Nach 21 Tagen.

    c) Das ist immer unterschiedlich.

Antwort b) ist richtig.

Die Königin schwärmt aus

Manchmal leben zu viele Bienen
in einem Bienenstock.
Wenn es zu eng wird,
verlässt die Königin
ihr Volk.

Viele Tausend Bienen folgen ihr.
Man sagt: Die Bienen schwärmen.
Bald darauf beginnen sie,
ein neues Nest zu bauen.

Ein Bienenschwarm
baut sich
ein neues Nest.

Eine neue Königin

Bevor die alte Königin ausfliegt,
braucht das Bienenvolk
eine neue, junge Königin.

Die Arbeiterinnen bauen
eine sogenannte Weiselzelle.
Das ist eine extragroße Brutkammer.
Hier wächst die neue Königin heran.

Weiselzelle

Die Arbeiterinnen ziehen
eine neue Bienenkönigin
heran.

Futter für die Königin

Die Larve in der Weiselzelle
wird mit Gelée royale gefüttert.
Das ist ein besonderer Futtersaft.
Nur damit wird aus einer Larve
eine Bienenkönigin.

Schon nach 16 Tagen
schlüpft die neue Königin.
Nach ihrem Hochzeitsflug
wird sie ihr Leben lang
Eier legen.

Gelée royale

Mein Lesequiz !?

1 **Die Königin und viele Bienen verlassen den Stock.**

    a) Sie schwärmen.

    b) Sie schwermen.

    c) Sie schwimmen.

Antwort a) ist richtig.

2 **Wo wächst die neue Königin heran?**

    a) In der Königswabe.

    b) In der Weiselzelle.

    c) Im Gelée royale.

Antwort b) ist richtig.

Was macht der Imker?

Ein Imker
züchtet Honigbienen.

Das ganze Jahr über
kümmert er sich
um seine Bienen.
Er sorgt dafür,
dass sie gesund bleiben
und sich vermehren können.

Im Sommer kann er dann
den leckeren Honig ernten.

Wie geht es den Bienen?
Der Imker schaut nach.

Ein Stock für die Bienen

Der Imker baut für seine Bienen
einen Bienenstock.
Er besteht aus mehreren Kisten.

In den Kisten hängen Rahmen
mit Wachsplatten.
Auf die Platten bauen
die Bienen ihre Waben.

Der Imker hat
seine Bienenstöcke
in einem Rapsfeld
aufgebaut.

Wie wird Honig gemacht?

Die Bienen waren fleißig.
Die Waben sind prall
mit Honig gefüllt.

Der Imker holt die Rahmen heraus.
Zuerst kratzt er das Wachs
von den Waben.
Dann stellt er die Rahmen
in eine Honigschleuder.
Hier wird der Honig aus den Waben
herausgeschleudert.

Honigschleuder

Bitte nicht stechen!

Bei der Arbeit trägt der Imker
einen weißen Schutzanzug
und einen Hut mit Schleier.
So schützt er sich vor Stichen.

Trotzdem wird er ab und zu
von seinen Bienen gestochen.
Bienenstiche gehören
beim Imkern einfach dazu!

In seinem Anzug
ist der Imker
gut geschützt.

Im Winter

Im Winter bleiben die Bienen
in ihrem Stock.
Sie hängen eng beieinander
und wärmen sich.

Der Imker hat den Bienen
ihren Vorrat weggenommen:
den Honig.
Jetzt gibt er ihnen Zuckersirup.
So haben sie auch im Winter
genug zu fressen.

Es ist Winter.
Die Bienen halten
jetzt Winterruhe.

Mein Lesequiz !?

1 **Wie kommt der Honig aus den Waben?**

a) Er wird herausgekratzt.

b) Er wird herausgeschleudert.

c) Er wird herausgepresst.

Antwort b) ist richtig.

2 **Was bekommen die Bienen im Winter zu fressen?**

a) Zuckerrohr

b) Zuckerguss

c) Zuckersirup

Antwort c) ist richtig.

Eine große Familie

Wenn wir an Bienen denken,
meinen wir meist die Honigbiene.
Sie ist bei uns am bekanntesten.

Die meisten Honigbienen
leben in Bienenstöcken,
die der Imker ihnen baut.

Manchmal gibt es aber auch
wild lebende Honigbienen.
Sie bauen ihre Nester
gern in Baumhöhlen.

In der Baumhöhle
finden die Bienen
ein neues Zuhause.

Die wilden Verwandten

Außer der Honigbiene
gibt es noch viele
verschiedene Wildbienen.
Bei uns leben
etwa 550 Arten.

Die meisten Wildbienen
leben nicht in Völkern.
Sie suchen selbst ihre Nahrung.
Ihren Nachwuchs
ziehen sie allein auf.

Pelzbiene

Goldbiene

Noch mehr Verwandte

Kennst du diese gestreiften Brummer?
Sie sind auch mit den Bienen verwandt.

Hummeln sind friedliche Insekten.
Sie gehören zu den Wildbienen.

Viele Leute haben Angst
vor Wespen.
Sie stechen aber nur,
wenn sie sich verteidigen.

Die Hornisse ist
die größte Wespenart.
Sie ist aber friedlicher
als die Gemeine Wespe.

1 **Wo bauen wilde Honigbienen ihr Nest?**

a) In Erdlöchern.

b) In Baumhöhlen.

c) Auf der Wiese.

Antwort b) ist richtig.

2 **Wer ist nicht mit der Biene verwandt?**

a) Hornissen und Wespen.

b) Wildbienen und Hummeln.

c) Stechmücken und Libellen.

Antwort c) ist richtig.

Bienen in Gefahr

Bienen sind wichtig für uns.
Ohne sie gäbe es
weniger Obst und Gemüse.

Viele Pflanzen könnten
sich nicht mehr vermehren.
Sie brauchen Bienen
zum Bestäuben.

Leider gibt es bei uns
immer weniger Bienen.
Und auch andere Insekten
werden immer seltener.

Erdbeeren wachsen
besonders gut,
wenn sie von Bienen
bestäubt wurden.

Schlecht für die Bienen

Viele Äcker und Felder
werden mit Gift besprüht.
Es soll schädliche Insekten töten.
Pflanzen wie Getreide,
Kartoffeln oder Salat
werden dadurch geschützt.
Leider werden damit
auch viele Bienen getötet.

Salat ohne
Insektengift
ist auch gut
für die Bienen.

Auf diesem Rasen
gibt es kein Futter
für die Bienen.

Zu wenig Futter

Wiesen mit bunten Blumen
sind wichtig für Bienen.
Solche Wiesen gibt es
aber immer seltener.

In vielen Gärten gibt es
große Rasenflächen.
Auch hier wachsen wenig
Wildblumen und Unkraut.

Deshalb finden Bienen
und andere Insekten
oft nicht genug zu fressen.

Wildbienen haben es schwer

Viele Wildbienenarten
mögen nur die Pollen
von ganz bestimmten Pflanzen.
Andere brauchen
besondere Nistplätze
wie zum Beispiel hohle Bäume.
Das macht den Wildbienen
das Leben oft schwer.

Die Mauerbiene
nistet gern
in Mauerritzen.

Hilfe für die Bienen

So kannst du den Bienen helfen:

Pflanze Wildblumen im Garten
oder auf dem Balkon.
Die Bienen freuen sich
über den leckeren Nektar.

Wildbienen nisten gern
in einem Insektenhotel.
Sie ziehen dort
ihren Nachwuchs auf.

Lass Laub und Äste
im Garten liegen.
Insekten verstecken sich
gern darin.

Insektenhotel

Mein Lesequiz !?

1 ## Was hilft den Bienen?

a) Wildblumen
auf dem Balkon.

b) Grüner Rasen
ohne Unkraut.

c) Ein aufgeräumter Garten.

Antwort a) ist richtig.

2 ## Ohne Bienen gäbe es ...

a) weniger Obst.

b) mehr Gemüse.

c) weniger Gras.

Antwort a) ist richtig.

Mein großes Lesequiz

1 **Wie heißen die männlichen Bienen?**

a) Drohnen

b) Männchen

c) Imker

Antwort a) ist richtig.

2 **Welchen Tanz tanzen Honigbienen?**

a) Den Bienentanz.

b) Den Pollentanz.

c) Den Schwänzeltanz.

Antwort c) ist richtig.

3 **Wo sammelt die Honigbiene den Nektar?**

　　　a) Im Rüssel.

　　　b) Im Mund.

　　　c) In der Honigblase.

Antwort c) ist richtig.

4 **Woraus bauen Bienen Waben?**

　　　a) Aus Honig.

　　　b) Aus Wachs.

　　　c) Aus Pollen.

Antwort b) ist richtig.

Buchstabenrätsel

Das gesuchte Wort
lautet **Honig**.

Bildquellennachweis

Text: Sonja Meierjürgen

Illustrationen: Annelie Stenzel

Bildredaktion: Katja Filler

Gestaltung: Annelie Stenzel

Copyright © 2021 TESSLOFF VERLAG,
Burgschmietstraße 2–4, 90419 Nürnberg
www.tessloff.com

ISBN 978-3-7886-7721-3

FSC
www.fsc.org
MIX
Papier | Fördert
gute Waldnutzung
FSC® C002795

WAS IST WAS — Erstes **LESEN** easy!
Band 1
Entdecke die Bäume
TESSLOFF

WAS IST WAS — Erstes **LESEN** easy!
Band 2
Tiere im Meer
TESSLOFF

WAS IST WAS — Erstes **LESEN** easy!
Band 3
Wie lebt die Honigbiene?
TESSLOFF

WAS IST WAS — Erstes **LESEN** easy!
Band 4
Entdecke den Weltraum
TESSLOFF

WAS IST WAS — Erstes **LESEN** easy!
Band 5
Wie leben die Delfine?
TESSLOFF

WAS IST WAS — Erstes **LESEN** easy!
Band 6
Komm mit zu den Pferden
TESSLOFF

WAS IST WAS — Erstes **LESEN** easy!
Band 7
Wie leben unsere Vögel?
TESSLOFF

WAS IST WAS — Erstes **LESEN** easy!
Band 8
Tiere in Schnee und Eis
TESSLOFF

WAS IST WAS — Erstes **LESEN** easy!
Band 9
Hunde - meine Lieblingstiere
TESSLOFF